BEI GRIN MACHT SICH IHR WISSEN BEZAHLT

- Wir veröffentlichen Ihre Hausarbeit, Bachelor- und Masterarbeit

- Ihr eigenes eBook und Buch - weltweit in allen wichtigen Shops

- Verdienen Sie an jedem Verkauf

Jetzt bei www.GRIN.com hochladen und kostenlos publizieren

Youssef El-Baghdadi

Projektmanagement mit Windows Sharepoint

GRIN Verlag

Bibliografische Information der Deutschen Nationalbibliothek:

Die Deutsche Bibliothek verzeichnet diese Publikation in der Deutschen National-
bibliografie; detaillierte bibliografische Daten sind im Internet über http://dnb.d-
nb.de/ abrufbar.

Impressum:

Copyright © 2004 GRIN Verlag GmbH
Druck und Bindung: Books on Demand GmbH, Norderstedt Germany
ISBN: 978-3-638-77319-5

Dieses Buch bei GRIN:

http://www.grin.com/de/e-book/51278/projektmanagement-mit-windows-sharepoint

GRIN - Your knowledge has value

Der GRIN Verlag publiziert seit 1998 wissenschaftliche Arbeiten von Studenten, Hochschullehrern und anderen Akademikern als eBook und gedrucktes Buch. Die Verlagswebsite www.grin.com ist die ideale Plattform zur Veröffentlichung von Hausarbeiten, Abschlussarbeiten, wissenschaftlichen Aufsätzen, Dissertationen und Fachbüchern.

Besuchen Sie uns im Internet:

http://www.grin.com/

http://www.facebook.com/grincom

http://www.twitter.com/grin_com

Fachhochschule für Ökonomie und Management

Seminararbeit zum Thema

Projektmanagement mit Windows Share Point

von

El Baghdadi, Youssef

Inhaltsverzeichnis

Abbildungsverzeichins

Abkürzungsverzeichnis

Abkürzung	Bezeichnung
CAL	Client Access Lizenz
EPM	Enterprise Project Management
PM	Projektmanagement
WSPS	Windows Share Point Services
MOP	Microsoft Office Project 2003

1 Einleitung

1.1 Problemstellung

Immer mehr Unternehmen sehen sich durch die steigende Informationsflut und die hohe Komplexität bestimmter betrieblicher Tätigkeiten vor neuen Herausforderungen gestellt. Die IT- Infrastruktur bedarf einer optimalen Ausrichtung und einer aufwendigen Organisation und zwingt damit die Unternehmen immer mehr umzudenken. Unternehmen schließen sich zusammen um unternehmensübergreifende Aufgaben nach ökonomischen Gesichtspunkten zu meistern und müssen sowohl ihre klassischen Ressourcen als auch ihre IT- Strukturen mit einander verbinden. In der Regel handelt es sich um Komplexe Aufgaben die im Rahmen eines Projektes realisiert werden sollen.

1.2 Zielsetzung

Mit dieser Seminararbeit soll der Leser einen ersten Eindruck zum Thema Projektmanagement, vor allem Projektmanagementlösungen wie Microsoft Windows Share Point Services gewinnen. Es werden die Zusammenhänge der Lösungskomponenten des Office Systems und die daraus resultierenden Vorteile angesprochen und erläutert, um damit einen besseren Überblick zur Organisation von Projekten zu erreichen.

1.3 Aufbau

Nach dem der Leser mit Projekte und Projektmanagement vertraut gemacht wurde geht es in dem darauf folgenden Kapitel in den Details der Softwarelösung Microsoft Windows Share Point und Microsoft Project Server 2003. Eine Zusammenfassung der Kerninhalte findet sich in der Schlussbetrachtung.

2 Projekte und Projektmanagement

2.1 Das Projekt

Aufgrund der stetig wachsenden Komplexität in den verschiedensten Unternehmensbereichen durchläuft das Projektmanagement eine Etablierungsphase und wird zunehmend für diverse Aufgaben von wichtiger Bedeutung. Um Projektmanagement besser einordnen und verstehen zu können, wird an dieser Stelle der Begriff des Projektes ausführlich dargestellt und anhand bestimmter Kriterien charakterisiert. Ein Projekt ist dadurch folgende Eigenschaften gekennzeichnet:

-   zeitlich beschränkt,

-   hat ein klar definiertes Ziel,

-   ist einzigartig,

-   hat klar definierte, beschränkte Ressourcen,

-   ist komplex, manchmal riskant,

-   ist für das durchführende Unternehmen oft von großer Bedeutung,

-   und wird in der Regel von mindestens 2 Mitarbeiter-/innen durchgeführt.[1]

Zur Realisierung von Projekten ist die schriftliche Fixierung von ganz entscheidender Bedeutung, denn ohne schriftlichen Projektauftrag entsteht auch kein Projekt. Diese Fixierung hat einen vertragsrelevanten Charakter und ist für den Auftraggeber und -nehmer verbindlich. Z. B. werden einige Formalien im Zusammenhang mit dem Projekt fest verankert wie die Kurzbeschreibung des Vorhabens, Ernennung des Projektleiters, Einsatzmittelkosten, Unterschriften der beteiligten Parteien etc..[2] Projekte lassen sich in Investitions-, F&E- und Organisationsprojekte einteilen. Die

---

[1] Vgl.: Doetsch, Projektmanagement, S.4, Essen 2003

[2] Vgl.: Burghardt, Manfred, Einführung in Projektmanagement, München2002, S.27

Investitionsprojekte beinhalten z. B. die Installation eines PC-Netzwerkes, Einführung von CIM oder Bau eines Bürokomplexes. Zur F&E Kategorie gehören Aufgaben wie Entwicklung eines neuen Produktes, Entwicklung eines Softwareprogramms oder auch Entwicklung eines Expertensystems. Bei den Organisationsprojekten handelt es sich um neue Organisations- formen, Einführung eines Marketingkonzeptes oder Einführung eines neu- en Vertriebssystems.[3] Um ein Projekt optimal zu organisieren sollten die vier wichtigsten Kernaufgaben im Focus stehen, diese sind Projektdefiniti- on, Projektplanung, Projektkontrolle und Projektabschluss.

| Projektdef. | Projektplan. | Projektkontr. | Projektabs. |

Abb.1 Projektablauf, Manfred Burghardt, Einführung in Projektmanagement, S. 12

Die Definitionsphase bildet die Projektgrundlage, in der die Vorgaben für die nachfolgende Planung gemacht werden. Zu Beginn steht der Antrag, der alle relevanten Angaben, wie Aufgabenbeschreibung, Kosten- und Terminziele sowie Verantwortlichkeit beinhaltet. Sind sich die Beteiligten über den Inhalt einig, wandelt sich der Antrag zum Projektauftrag. Des weiteren wird in dieser Phase das Projektziel definiert und ein Anfore- rungskatalog bzw. Pflichtenheft mit dem Auftraggeber erarbeitet. Das Recht auf spätere Änderungen sollte ein wesentlicher Bestandteil des Ka- talogs sein.[4]

In der Projektplanung werden die Rahmendaten des Projekts vorgegeben. Hier werden Strukturplanungen, Aufwandsschätzungen, Arbeitsplanung, Kostenplanung und Risikomanagement durchgeführt. Die Struktur ergibt sich in dem das Entwicklungsvorhaben technisch, aufgabenmäßig und kaufmännisch unterteilt wird. Aus dieser Strukturierung lassen sich Aufga- benpakete ableiten, die also das Fundament der Aufwandsschätzung darstellen. Auch die Arbeitsplanung wird nach dieser Vorgehensweise ge- plant. Eine besonders bekannte Methode der Arbeitsplanung ist die Netz- plantechnik, die an anderer Stelle weiter ausgeführt wird. Die Einsatzmit- telplanung soll einen optimalen Einsatz betrieblicher Ressourcen gewähr-

---

[3] Vgl.: Doetsch, Projektmanagement, S.4, Essen 2003

[4] Vgl.: Burghardt, Manfred, Einführung in Projektmanagement, München2002, S. 12- 14

leisten. Und schließlich beschäftigt sich die Kostenrechnung mit der Frage wo, wie viel und von wem Kosten entstehen können. Denn nur mit dieser Vorgehensweise kann das Projekt vernünftig bewertet werden.[5]

Die Hauptaufgabe der Projektkontrolle ist es frühzeitig Planabweichungen aufzudecken. Dieses Ziel orientiert sich nach den Plan-/Ist-Vergleichen, und dient dazu Abweichungen der Projektplanung aufzudecken und entsprechende Maßnahmen zur Einhaltung der Planvorgaben zu treffen. Diese Hauptaufgaben der Projektkontrolle schlagen sich in der Terminkontrolle, Aufwands- und Kostenkontrolle, Sachfortschrittskontrolle, Qualitätssicherung und Projektdokumentation nieder.[6]

Nach diesen vorgestellten Phasen erfolgt nun die Abschlussphase, die folgende Bestandteile umfasst. Die Produktabnahme leitet den Projektabschluss ein. Es muss zuerst ein Abnahmetest durchgeführt werden, und zwar von einer entwicklungstunabhängigen Stelle. Des weiteren empfiehlt sich in einer Projektabschussanalyse eine Nachkalkulation durchzuführen. Letzter Schritt des Abschlusses bildet die Projektauflösung, in der die Mitarbeiterpools aufgelöst und auf neue Aufgaben übergeleitet werden.

2.2 Projektmanagement (PM)

„Projektmanagement umfasst die zielorientierte Initiative, Planung, Realisierung, Diagnose, Steuerung und Führung von Projekten".[7] Das PM erhält zunehmend an Wichtigkeit in der betrieblichen Tätigkeit, was dazu führt, dass die Unternehmen möglichst viele Faktoren bei der Führung und Strategieumsetzung implementieren und unbedingt beachten müssen. Diese dynamischen Parameter sind u.a. Gesetzesflut, technischer Fortschritt, Internationalisierung, Unternehmens- und Produktlebenszyklen etc..[8] Die nachfolgende Übersicht zeigt das Nutzen des PM auf.

---

[5] Vgl.: Burghardt, Manfred, Einführung in Projektmanagement, München2002, S.14

[6] Vgl.: Burghardt, Manfred, Einführung in Projektmanagement, München2002, S.15

[7] Vgl.: Doetsch, Projektmanagement, S.4, Essen 2003

[8] Vgl.: Doetsch, Projektmanagement, S.4, Essen 2003

- Hohe Qualität der Problemlösung durch bereichs- und funktionsübergreifende Problemsicht

- Sicherung der Akzeptanz der Lösung durch Teamarbeit und gezieltes Projektmarketing

- Rasche Realisierung und hohe Plantreue (Qualität, Termine, Ressourcen, Kosten)

- Kostenoptimierung

- Transparenz und Nachvollziehbarkeit durch Projektdokumentation

- Nutzen des Projektmanagements als kundenorientiertes Marketinginstrument.

Auch dem PM sind Kernaufgaben zugewiesen, die sich bspw. in der Herbeiführung der Projektentscheidung und des Projektauftrags, Festlegung der Projektrollen, Aufgaben-, Kompetenz- und Verantwortungsverteilung, Personalmanagement, Festlegung projektspezifischer Werte und Regeln niederschlagen.[9]

[9] Vgl.: Doetsch, Projektmanagement, S.4, Essen 2003

3 Projektmanagement mit WSPS

3.1 Einführung in WSPS

Wie bereits in der Einleitung erwähnt wurde, soll diese Seminararbeit die Umsetzung des PM mit Hilfe der Microsoft Windows Share Point Services aufzeigen. Mit dem WSPS sind Unternehmen in der Lage im Internet oder Intranet freigegebene Webbereiche einzurichten, in denen Werkzeuge, Dienste und andere Funktionen zur Verfügung gestellt werden, die Mitarbeiter für ihre tägliche Arbeit benötigen wie z. B. Dokumentenverwaltung, Kontaktlisten, Ankündigungen oder Aufgaben. WSPS ist eine Komponente des Microsoft Windows Server 2003. Die Share Point basierten Websites stellen durch die gemeinsame Nutzbarkeit eine hohe Arbeitserleichterung dar, speziell, wenn es sich um die Zusammenarbeit im Team geht.[10] Sie sind also Knotenpunkte für die Aufgabenverteilung, für Ansprechpartner und Adressen.[11] Die Websites lassen sich als primäre Webportale und Produktivitätsbereiche für Teams verwenden, aber auch als kurzfristig genutzte Bereiche für bestimmte Projekte. Des weiteren lassen sich die WSPS als Entwicklungsplattform nutzen und auf der Basis dieser Plattform Teamworklösungen für spezifische geschäftliche Anforderungen erstellen. Auch Office Anwendungen sind optimal auf eine Kombination mit WSPS abgestimmt. In den Office Anwendungen stehen zahlreiche Menübefehle und Aufgabenbereiche zur Auswahl, mit denen sich die Dokumentspeicherungs- und Verwaltungsfunktionen der WSPS nutzen lassen. Außerdem können Share Point Websites erstellt, Listen auf Share Point Websites importiert und exportiert sowie Listendaten aus Share Point Websites mit Datenbanken verknüpft werden.[12] Neben den zahlreichen Features von WSPS bietet Microsoft eine sehr gute Integration zum

---

[10] Vgl.: www.Microsofttechnet.de, Integrationsleitfaden für Office 2003 und WSPS

[11] Vgl.: www.amexus.de, Microsoft Windows Share Point Services

[12] Vgl.: www.Microsofttechnet.de, Integrationsleitfaden für Office 2003 und WSPS

Microsoft Office Project Server 2003. Mit dieser leistungsfähigen Projekt-
managementanwendung für Unternehmen können Unternehmen Projekte
und Ressourcen verwalten und überwachen. Die Nutzbarkeit dieser
Schnittstelle zeigt sich darin, dass Teams mit dem Project Server Projekte
organisieren, verfolgen und verwalten können. Darüber hinaus ermöglicht
diese Anwendung dem Team nach Projektabschluss das Ermitteln der
projektbezogenen und erfolgreichen Maßnahmen. Der Project Server
2003 verwendet die Services des WSPS für Dokumentbibliotheken sowie
für Problemverfolgungs- und Risikomanagementaufgaben, wodurch eine
wesentliche Vereinfachung mit dem Umgang von Dokumenten, Problemen und Risiken gewährleistet wird. So kann automatisch eine Share
Point Website für Projektdokumente, für Probleme und Risiken entwickelt
werden, wenn ein Projekt angelegt wird. Auch die reibungslose Verknüp-
fung zwischen dem Projekt und Dokumenten, Problemen und Risiken und
umgekehrt ist gegeben.[13]

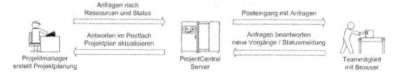

Abb. 2 Teamlösung durch ProjectCentral, www.vct-consulting.de

Die Abbildung soll die Grundstruktur einer Projektdurchführung innerhalb
eines Unternehmens mit Unterstützung von Microsoft Project 2003 darstellen. Die Aufgaben der Teammitglieder werden von den jeweiligen Beteiligten an den Server in einer Webansicht weitergeleitet, und der Projektmanager oder Projektkoordinator aktualisiert also den Projektplan um die er-
brachten Fortschritte der Teammitglieder.[14]

[13] Vgl.: www.Microsofttechnet.de, Integrationsleitfaden für Office 2003 und WSPS

[13] Vgl.: www.vct-consulting.de, Projektmanagement

3.2 Die Besonderheiten von WSPS

3.2.1 Share Point Portal Server

Der skalierbare Portalserver verbindet Mitarbeiter mit verschiedenen Erfahrungen mit einander. Informationen lassen sich durch die Integration von Enterprise- Anwendung und einmaliges Anmelden zusammenfassen. Die Verwaltungs- und Bereitstellungstools lassen ebenfalls eine optimale Administration zu. Portalnutzer finden schnell relevante Informationen, da die Inhalte und Layout personalisiert und auf Benutzergruppen angepasst werden können.[15]

3.2.2 Dateiverwaltung

Durch die zentrale Dokumentablage von WSPS finden die Mitarbeiter relevante Daten schneller, und verteilen ihrerseits Informationen effizienter mit der Gewissheit, dass wichtige Daten nicht in die falschen Hände gelangen. Die Dateien werden also nicht nur über freigegebene Ordner verteilt, sondern vielmehr auf den Websites der WSPS abgelegt. Dazu gehören bspw. die Benutzerrechteverwaltung, Protokollierung diverser Dokumentversionen und Verwaltung benutzerabhängiger Vorlagen und Dateiansichten.

3.2.3 Gemeinsamer Zugriff

Die WSPS Seiten ermöglichen den Mitarbeiter statt wie bisher Dateien im Netzwerk abzuspeichern eine intelligente Anlaufstelle im Web um Informationen auf verschiedene Arten auszutauschen. Z. B. können Terminkalender, Kontakte, Weblinks, Diskussionen, Aufgabenlisten, Ankündigungen und vieles mehr verwaltet werden.

3.2.4 Individuelle Benutzerrechte

Mit diesem Feature können die Teammitglieder eigene Teamseiten erstellen und verwalten. So können Korrekturen oder Erweiterungen von den Teams selbst eingefügt werden. Berechtigte Personen können maßge-

---

[15] Vgl.: www.microsoft.de, Microsoft office Project 2003, SharePoint Portal Server 2003

schneiderte Vorlagen erstellen, die sich auf andere Bereiche anwenden lassen.

3.2.5 Komfortable Administration

Unabhängig von der Zuweisung der Benutzerrechte der Anwender erhält der Administrator oder Projektleiter jederzeit genaue Rückmeldung zu neu erstellten Seiten, den verantwortlichen Benutzern und allen Aktivitäten auf diesen Seiten. Der Administrator bestimmt über die Festplattenauslastung neuer Seiten und verhindert nach Bedarf die Speicherung Dateien eines bestimmten Typs. WSPS Seiten die länger nicht genutzt wurde können automatisch gelöscht werden.

3.2.6 Erweiterung mit Webparts

Projektleiter und berechtigte Anwender können bereits vorhandene Webparts den eigenen Seiten hinzuzufügen und damit den Funktionsumfang der Teamseiten erweitern. ASP.NET- Entwickler schreiben neue Webparts, um den Datenzugang zu vereinfachen, neue Webservices zu implementieren und neue Anwendungen sowie weitere inhaltliche Kategorien für Share Point Sites einzubinden.

3.2.7 Microsoft Office System

Diese Abstimmung zwischen WSPS und Anwendungen des Office Pakets (Excel, Word, Power Point, Info Path, One Note) ist so konzipiert, dass der jeweilige Anwender oberflächenmäßig auf diese Anwendungen zugreifen kann, prinzipiell alle Aufgaben, die von der betrieblichen Tätigkeit resultieren können problemlos erledigt werden.[16]

---

[16] Vgl.: www.amexus.de, Microsoft Windows SharePoint Services

3.3 Microsoft Office Project 2003 (MOP)

3.3.1 Einführung in MOP

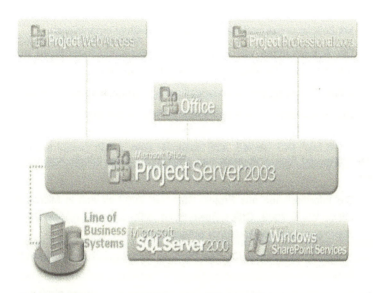

Abb. 3 Microsoft Project Server 2003, www.microsoft.de

Microsoft Office Project 2003 ist ein fester Bestandteil des Office Systems. Seine Konzeption wurde so angepasst, dass den flexiblen Anforderungen der Projektarbeit und Personalmanagement nachgekommen wird, unabhängig davon ob Projekte einzeln, für Teams oder für das Gesamtunternehmen verwaltet werden. Der Projektmanager findet sich in der vertrauten Oberfläche sofort zurecht. Durch die Verknüpfungen mit anderen Office Anwendungen ist ein optimales Planen gewährleistet, so dass der Projektmanager viele mögliche Szenarien in der Planungsphase hinsichtlich der Ressourcen durchspielen kann. Darüber hinaus ist der Projektmanager bei Bedarf über den Projektstatus informiert, um frühzeitig im Projektgeschehen einzugreifen und das Projekt in die richtige Bahn zu lenken.[17]

---

[17] Vgl.: www.microsoft.de, Microsoft office Project 2003

4 Schlussbetrachtung

Sicherlich wird es in naher Zukunft andere Alternativlösungen im Bereich des Projektmanagements geben, doch diese beschriebene Lösung von Microsoft weist vor dem Hintergrund, dass Microsoft den Markt für Bürosoftware fast allein beherrscht einige besonders wichtige Vorteile. Letztlich hängt die Entscheidung in Alternativlösungen zu Investieren hauptsächlich von den vorhandenen Systemen im Unternehmen ab. Die Integration der Share Point Services läßt eine reibungslose Kommunikation zwischen Teammitarbeiter und Projektmanager problemlos praktizieren. Die XML-Technologie, die es ermöglicht zwischen den verschiedenen Anwendungen von Microsoft Office zu wechseln und Arbeiten zu verrichten ist ein weiterer Aspekt der dafür spricht. Zwar muss ein Unternehmen mit beachtlichen Investitionskosten rechnen, profitiert dennoch von der unternehmensübergreifenden Funktionalitäten. Es können neben Partnerunternehmen auch Kunden im System implementiert werden, die bestimmte Projekterfolge beobachten, und evtl. bei Abweichungen der Projektziele mitwirken   können.

Literaturverzeichnis

Bücher

Burghardt Manfred; Einführung in Projektmanagement; Herausgeber:
Siemens AG, München 2002

Berichte & Skripte

Doetsch Wilhelm; Projektmanagement, Essen 2003,
www.fom.de/skriptarchiv

Internet

www.amexus.de, Microsoft Windows Share Point Service

www.flexist.de, Online Shop, Microsoft Project Server 2003 D

www.microsoft.de, Microsoft office Project 2003, SharePoint Portal Server
2003

www.Microsofttechnet.de, Integrationsleitfaden für Office 2003 und WSPS

www.vct-consulting.de, Projektmanagement